Lichtblicker

Poesie für Mutmacher

von Hans-Jürgen Sträter

Gottes Licht

Ohne Licht
lebst du nicht,
musst auf Erden
einsam sterben.

Sei ein Licht,
still und schlicht,
wärm die Herzen
wie die Kerzen.

Gottes Licht
zu dir spricht:
„Ich lad dich ein
bei mir zu sein!"

Inhalt

Worte

Worte, die am Anfang stehen,

werden für uns nie vergehen.

Darum will Gott Namen schreiben,

die im Buch des Lebens bleiben!

Lied der Herzen

Frohe Herzen sind wie Kerzen,
wenn sie sich entzündet haben,
wollen wir Licht weitertragen.

Feine Herzen spüren Schmerzen,
weil sie Freud und Leid erfahren,
können wir den andern tragen.

Reine Herzen singen Terzen,
gern sie Gott, dem Vater, sagen
dass wir Danken bei uns tragen.

Frohe Herzen sind wie Kerzen,
leuchtend sie die Hoffnung wagen:
„Bald wird uns der Morgen tagen!"

Glaube

Wenn Glaube fehlt,
man sich nur quält.

Wenn Hoffnung feht,
wird grau die Welt.

Wenn Liebe fehlt,
dann alles fehlt!

Funkenflug

In der Dunkelheit der Zeit
scheint das kleinste Licht uns hell.
Doch im Blick zur Ewigkeit
sind wir wie ein Funken schnell.

Dennoch leucht mit deinem Licht
froh und warm und mild und gut,
der dir schenkt sein Angesicht,
gibt doch alles – auch den Mut!

Hören, Sehen, Lieben

Hörst du nur den Ton, der klingt,

oder Musik, die beschwingt?

Siehst du Punkte auf Papier,

oder liest die Botschaft hier?

Liebst du nur noch Ruhm und Geld,

oder Gott, der dich erwählt?

Versöhnung I

Christen können sich versöhnen,

wollen Christus nicht verhöhnen.

Doch wenn Einssein geht entzwei,

sieht man manche Heuchelei.

Zeit vergeht

Wenn das Uhrwerk wird bewegt,

Zeit vergeht.

Wenn die Erde sich noch dreht,

Zeit vergeht.

Wer im Glauben zu Gott fleht,

nie vergeht!

Leuchte weit!

Leuchte weit, leuchte weit,

Zion, leuchte in die Welt!

Gottes Wort uns Gnade bringe,

Glaube, Hoffen, Lieb erhellt.

Freiheit aus der Wahrheit dringe,

Fried schafft Segen,

Stärke kommt aus Freud.

Leuchte weit, leuchte weit!

Lebenswege

Wege führen uns oft weg,

ziele darum auf dein Ziel.

Lebe christlich und stets lieb,

reiche, Herr, uns bald dein Reich!

Wenn der Heiland

Wenn der Heiland, wenn der Heiland
als König erscheint,
wird er jeden umarmen,
der heute noch weint.
Dessen Augen dann strahlen
wie die Sterne so rein,
die sich spiegeln in der Krone
gleich Edelgestein.

Feste

Wir leben hier als Gäste

und feiern Gottes Feste.

Sein Geist ruft laut:

Macht euch bereit

für unsern Herrn

der Herrlichkeit!

Sein Kommen wird für uns das Beste –

dann feiern wir auf ewig Feste!

Leuchter sein

Du kennst den Plan schon lange,
dein Werk ist groß und unsre Kraft nur klein,
doch völlig ohne Bange
dürfen wir Leuchter sein.

Dein Geist soll in uns brennen,
dass alle Menschen preisen nur dein Licht,
und dich, Vater, erkennen,
befreit in ihrer Sicht.

Dein Licht will uns berühren,
hell leuchtet Jesu Bild in jedem Land,
wir seine Nähe spüren,
bleiben ihm zugewandt.

Und ist das Werk vollendet,
dann leben wir bei Gott ewig im Licht,
das heute schon gesendet,
wenn sein Wort zu uns spricht.

Adlerweise

Wie ein Adler möchte ich sein,

hoch über allem schweben

und nur im Aufwind leben,

kraftvoll zum Himmel streben!

Unerwartet

Wer nichts erwartet,

wird nie enttäuscht werden –

und bleibt immer

dankbar und zufrieden!

Momente

Nur in dem Moment,

wo Vergangenheit

gegen wartende

Zukunft prallt,

sind wir frei!

Mache dich auf

Mache die Erwählung feste,
die an dir geschehen ist;
denn es kommt ja bald das Beste,
dass du bei Gott immer bist.

Dich ins Lebensbuch konnt schreiben
des Gesandten Wort und Hand.
Mögest du nun freudig bleiben
in dem Gotteskinder-Stand.

Auf des Heilands Opfergabe
dürfen wir getrost heut baun.
Noch ist Raum und Zeit für Gnade,
wenn wir stets auf Gott vertraun.

Und im Geiste lasst uns wandeln,
wie zu Pfingsten es gesagt,
eifrig in der Liebe handeln,
bis der hellste Morgen tagt.

Werde bald der Herr erscheinen,
der schon lang verheißen ist!
Innig wünschen sich die Seinen,
dass er kürzt die Wartefrist.

Licht wird dann das ganze Leben,
licht – und voller Herrlichkeit,
licht sein ist unser Bestreben,
Licht bleibt uns in Ewigkeit!

Der Herr kommt

Heut ist Advent!
Mein Herz hell brennt,
weil der Herr kommt
und das erfrommt!

Ja das erfrommt,
dass er bald kommt.
Mein Herz hell brennt –
weil es ihn kennt.

Lebensweise

Glaubende lieben hoffend!

Vermögensberatung

Vermögen ist Vermögen

und reichen macht reich!

Blumensprache

Lasst Blumen sprechen,
denn Herzen brechen
so hart und kalt.

Wenn Blumen brechen,
dann Herzen sprechen
so zart und bald.

Zeit

Zeit wiegt schwer,

Zeit wird schwer,

je älter, umso mehr.

Deshalb werden wir dann kleiner,

hoffentlich auch immer reiner,

wie aus Kohlenstaub entstand

wunderbar ein Diamant.

Namen

Alle Samen
haben Namen,
doch erst in der Erde Schoß
werden ihre Früchte groß.

Du und ich bekamen Namen
als wir einst auf die Welt kamen.
Wird auch unsre Ernte groß? –
Guten Ruf wird man schnell los.

D e r Name lebendig bleibt,
den Gott in sein Buche schreibt!

Annahme

Mehr Verständnis als Verstand,

das ist wie die offne Hand,

die zwar wenig halten kann,

doch sich gebend nimmt sie an.

Versöhnung II

Versöhnung kommt vom Gottessohn

und ist der Liebe schönster Lohn.

Willst du dein Leben krönen –

versuchs mal mit versöhnen.

Musik

Musik ist wie die Morgenröte

einer neuen Welt.

Bereit sein

Wie das Licht so stille

sei bereit mein Wille

im Weben und Wandeln

zum Heben und Handeln

beim Geben und Streben

fürs Lieben und Leben,

bis in der Nacht der Zeit

Christus erscheint –

Bist du bereit?!

Mut

Gib deiner Zeit

Barmherzigkeit!

Liebe macht Sinn,

wag und gewinn,

lebe sie heut,

trotze dem Leid –

Dein Mut erfreut!

Gedanken

Gedanken zum Nachdenken:

nach Denken geh danken!

Zeitweise

Schau mit Dankbarkeit zurück –

Leb dein Heute, das ist Glück –

Halt die Zukunft fest im Blick!

Herr, dein Wort

O heilig Wort voll Trost und Gnad,
das heute weist den rechten Pfad,
du kannst uns Heil und Frieden bringen
und alle Not bezwingen.

Apostelwort in Tat und Kraft,
das heute Gotteskinder schafft,
du willst den Geist der Liebe geben
und unser Werk beleben.

Ja herrlich Wort der Ewigkeit,
das heute macht die Braut bereit,
du wirst uns mit der Krone zieren
und heim zum Vater führen.

Tischgemeinschaft

Mach dein Herz ganz weit,

lade alle ein.

Ist der Tisch bereit,

kommt zu Brot und Wein!

Leuchtfarbenfröhlich

Durch die Stille des
unendlichen Raumes
glüht einsam die Goldene.

Der Blaue umkreis sie liebevoll
in Milliarden Jahren und Herzen.

Wunderweise weben wir weiter;
denn fröhlich leuchten uns die Farben
des Regenbogens und der Sterne.

Sternenliebe

Wieviel Sterne mussten sterben

für dein Leben?

Kannst du das, was du ererbt hast,

weitergeben?

Lass dein Friedenslicht mit Liebe

aufwärts streben!

Wie ein Jakob

So wie ein Jakob möcht ich sein

und ruhen aus auf einen Stein

und warten auf den Morgenstern –

hätt eine Himmelsleiter gern.

Meine Sterne

Meine Sterne, Himmelskerne,

hab ich gerne trotz der Ferne.

Auf sie schauen schafft Vertrauen,

Brückenbauen und Eis tauen.

Licht und Leben, Mut sie geben,

dass wir streben Gott entgegen.

Gärtnerblick

Ein Gärtner blickt zum Garten,

und seht, wie er sich freut,

wenn sich bei seinen zarten

Blümlein ein neues zeigt.

Ein Gärtner blickt zum Himmel

auf seine Sterne klein,

er liebt fröhlich Gewimmel

und lädt uns zu sich ein.

Vergeben

Vergebung kommt von Geben her,
ist das Herz leer, dann gibts nichts mehr.
Jedoch durch Gottes Gnadengaben
können wir ewgen Reichtum haben.
Wenn dann uns wieder einer kränkt –

sei sie geschenkt!

Licht

Licht, voll göttlicher Natur,

du besiegst die dunklen Mächte,

beschenkst uns mit Freude pur

und vertreibst die kalten Nächte,

denn in Herzen, die dich kennen,

Feuer brennen!

Blickrichtung

Mir leuchten hell die Sterne,

ich sehe sie so gerne,

doch schauen kann das All sich nicht –

es braucht mein staunend Geisteslicht!

Lebenslust

Hast du heute Lust am Leben,

willst dem Nächsten Freude geben,

oder bist dem Frust erlegen,

möchtest deine Leiden pflegen?

Morgenstern

Morgenstern der Herrlichkeit,
scheine tief in unsre Herzen!
Mach uns Mut, damit auch heut
leuchten hell des Glaubens Kerzen,
damit jeder, der dich nennt,
gern bekennt.

Morgenstern der Gnadenzeit
scheine mild in unsre Herzen,
mach uns froh, dass weit und breit
leuchten hell der Liebe Kerzen,
wie ein wärmend Winterlicht,
still und schlicht.

Morgenstern der Ewigkeit
scheine weit in unsre Herzen,
mach es licht, dass in die Zeit
leuchten hell der Hoffnung Kerzen
in die dunkle Erdennacht,
auf der Wacht.

Himmel und Erde

Alles, was ich unten sehe,
Erde und Holz aus der Nähe,
pack ich an und mach daraus
fruchtbar Feld und volles Haus.

Aber oben in der Ferne
schaun wir Himmel und die Sterne,
da wird Herz und Seele weit.
Mancher Mensch dann dankbar denkt:
„Raum und Zeit sind uns geschenkt..."

Das Wort

Was ist das Wort,

Welt ohne Ort?

Macht ohne Waffen

und kann doch strafen?

Bild ohne Rahmen,

aber mit Namen?

Licht ohne Sterne,

gibt uns viel Wärme?

Anfang ohn Ende

ruft es zur Wende?

Will Bösen Gutes

für frohen Mutes?

D a s ist das Wort -

wirkt immer fort!

Freudenmacher

Kannst du immer Freude machen,

gerne mit den andern lachen,

auch wenn manche schönen Sachen

plötzlich mal zusammenkrachen?

Advent

Alles Alte hat ein End,

darum lieb ich den Advent,

leb im Warten auf den HERRN –

Neues bringt mein Morgenstern!

Jesus, meine Liebe

Jesus, du mein Glaube,
heb mich aus dem Staube,
schenk mir wieder Mut.
Mache, dass die ganze Welt
durch dich Fried und Freud erhält
und was für uns gut.

Jesus, all mein Hoffen,
lass den Himmel offen,
spend dein Gnadenlicht.
Wirk aus dem Apostelamt
Gottes Geist, den du gesandt,
gib uns klare Sicht.

Jesus, meine Liebe,
reine Herzenstriebe
heilige aufs neu.
Hilf, dass wir trotz Kreuz und Hohn
warten auf dich, Gottessohn,
und dir bleiben treu.

Lichtblick

Blicke auf das Licht des HERRN,

Glaube, Jesus hilft so gern!

Leuchte!

Je dunkler die Nacht,
umso heller glänzen die Sterne.
Drum leuchte mit Macht
in unserer Zeit der Gottferne!

Samariterweise

Schau, je tiefer einer gefallen ist,

desto höher an ihn auf –

Dann wir er wieder nach oben getragen...

Perlensammlung

Gott zeigt Perlen dir in dunklen Tagen,

doch sie aufzuheben musst du wagen.

Schauen

Advent heißt: Nach vorne schauen,

voll auf Gottes Gnade schauen,

seiner Liebe ganz vertrauen,

bis wir Jesu Antlitz schauen.

Zum Autor

Hans-Jürgen Sträter, geb. 1953 in Witten a.d. Ruhr, schreibt seit seiner Schulzeit Gedichte.
2007 gründete er den Adlerstein Verlag.
Heute wohnt er in Braunschweig und ist nur noch als Herausgeber tätig.

Impressum   **Lichtblicker**

Poesie für Mutmacher

von Hans-Jürgen Sträter

Herausgeber: © 2021, Hans-Jürgen Sträter

Herstellung und Verlag: BoD – Books on Demand, Norderstedt

ISBN: 9783755753117

Ausgabe vom 12. Dezember 2021

Coverfoto   „Wald mit Birken"
von Arthur J. Elser, Heilbronn
www.arthur-elser.de